# Widmung

für Oma, ohne die ich nicht wäre,

für Mama, ohne die ich nicht so geworden wäre,

für Vati, ohne den ich nicht so sein könnte,

für alle anderen, ohne deren Spiegel ich mich nie erkannt hätte.

# Vorwort

## Eine einführende Betrachtung
*von Christin Zenker*

*„Mit nichts kann man ein Kunst-Werk so wenig
berühren als mit kritischen Worten: es kommt
dabei immer auf mehr oder minder glückliche
Missverständnisse heraus."*

Dies schreibt Rainer Maria Rilke an den jungen Dichter
Franz Xaver Kappus im Februar des Jahres 1903. Wer den
Schritt in die Öffentlichkeit wagt, der geht ein Wagnis ein.
Es stellen sich Fragen nach der Wichtigkeit, der Relevanz
und Ästhetik der vorzustellenden Texte. Und natürlich
sucht ein junger Dichter auch noch nach seiner Sprache,
Unsicherheit im Schritt nach draußen ist eine natürliche
Begleiterscheinung.

*„Vronis Wunder"* ist der Titel des vorliegenden Debüts
von Veronika Raila. Was ist denn schon ein Wunder,
mag der geneigte Leser fragen. Das Wort *„Wunder"* ent-
springt dem griechischen Ausdruck *„thauma"*, was für
ein außerordentliches Ereignis steht, dessen Geschehen
sich nicht einfach erklären kann; es löst Erstaunen, ja
Ver-Wunderung aus. Die Thaumatologie gar ist die Lehre
vom Wundern. Thaumaturgie ist vielen Heiligen zuge-
sprochen worden, Franz von Assisi und Jesus Christus
sind Namen, die hier sofort in den Sinn kommen. Aber
ab von theologischen Wunderungen oder metaphysischen
Mirakeln liegt dem Schreiben, dem Kunst-Schaffen keine
unähnliche Manifest-Werdung zugrunde.

Der Schreibende wundert sich über die Welt, über seine Identifikation mit dieser, er greift zum Griffel, um sich mit ihr, dieser gar wunderlichen Welt, zu versöhnen, ein Verstehen in ihr zu finden – oder den Riss mit dieser offenzulegen.

Unternehmen wir also hier eine thaumatologische Reise durch die Seele einer jungen Künstlerin?

Nun ist dieser Begriff ein recht prophetischer, dem der schmale Grat zur hybrischen Verklärung anzumerken ist. Doch oft braucht es auch die aufmerkenden Worte, die stechenden Kategorisierungen, um den Nagel auf den Kopf zu treffen.

Und die theologische Nähe ist den folgenden Texten klar anzumerken. Man könnte eine biographische Nähe zu dieser Motivik, die das Buch wie einen roten Faden durchzieht, suchen, doch vielmehr möchte ich mich auf das, was Wahrnehmung bedeutet, beziehen, denn das, was ein Künstler, was wir Menschen alle wahrnehmen, ist Grundlage für das Verarbeiten, für die Suche nach poetischem Material.

Demnach ist Schreiben Selbstzweck und einer der Steine der Wahrhaftigkeit, die an die Oberfläche dringen können. Schreiben ist Identität, ist Identitätssuche. Was aber heißt die Suche nach der Identität eigentlich? Veronika sagte mir einmal, dass sie Wörter ‚nur' als Bilder sehen kann. Bevor sie aber Wörter sehen konnte, habe sie einzelne Buchstaben erblickt, die ihr eine unbeschreibliche Ruhe gaben.

*„Sie holten mich ab, schoben ihre Arme unter die meinen,*
*stießen ihre Füße vom Boden weg, und schon waren wir*
*dem Himmel ja so nah"*, schreibt sie in einem ihrer Texte,
*„Buchstaben und Wörter II"*. Es ist also eine Weltverän-
derung, ein Perspektivenwechsel, den man einnehmen
kann, wenn man die Wörter, die Bilder, die Welten sind,
an sich heranlässt. Dass die Wahrnehmung für jeden
anders ist, vergisst man so leicht im alltäglichen Treiben.

Die Texte von Veronika Raila treten immer wieder in
diese Rinne des Verschwindens und treiben den Leser
dazu, sich diese Lücke der Bedeutungsklarheit klar-
zumachen. Es geht oft um den Tod, der aber kein
definitiver sein kann. Ist auch das Wahrnehmung?

Ist es das, was der Leser tut, wenn er in den Texten
eines Schreibenden stöbert? Immer wird der Leser dort
auch nach Identität, nach einer Gleichheit, einem Selbst
suchen. Die vorliegenden Gedichte, Kurzgeschichten,
Szenen und poetologischen Texte, die in diesem Band
versammelt sind, sprechen unterschiedliche Themen
an, sie sind sicher in ihrem Blick, aber nicht sicher auf
die Aussagen, die sie treffen, sie stellen Fragen an den
Leser, suchen seine Gedanken und möchten vor allem
auch den Raum des Unsagbaren zwischen den Zeilen
beleuchten.

*„[Die] meisten Ereignisse sind unsagbar, vollziehen sich*
*in einem Raume, den nie ein Wort betreten hat, und*
*unsagbarer als alle sind die Kunst-Werke, geheimnis-*
*volle Existenzen, deren Leben neben dem unseren,*
*das vergeht, dauert."*

Mit Rekurs auf die Worte Rilkes aus seinem ersten Brief an Kappus möchte ich diese kleine Einleitung beenden und dir, liebe Veronika, ein Gedicht schenken, in dem du dich selbst wiederfinden konntest.

## den tag durchzog der klee
*von Christin Zenker*

heut war dein geburtstag den tag durchzog der klee
die nacht hob an hob's über dein collage-städtchen
ich wusst nicht was tun nur: happy hippie birthday
rufen | mein glattgezogenes herzstillstandmäppchen

verfeuern das du ordentlich zugezurrt und
du hast dieses feuer im bauch anna – du auch
lagst faul zaudernd auf der feldfrucht, so dass kleeschwund
die jahre durchzog dein geburtstag war mein brauch

uns komisch zu denken – fast ein reines gewissen
glücklichrotes herzbeutelflimmern: du warst da
doch jetzt anna listen now is the time to listen

anna du hast dich selbst in die flammen geschmissen
in trübweiszem rauch getränkter schattenfalter
bleibt | happy hippie birthday | in rufen zerrissen

# VRONIS WUNDER

## Wie will die Liebe

Und wie will die Liebe dir kommen sein

als Mutti – als Oma – als Freundin

oder als Sonnenschein an einem Regentag

weg mit Trauer und Einsamkeit


Auch die Kälte wird verschwinden –

wenn die Liebe dich umwinden wird auf's neu


Was dich **durchhalten** lässt

Was dich **aufblühen** lässt

Was dich **atmen** lässt

Was dich **leben** lässt

Ist die **LIEBE**

# Ode an die Glocke

Ein Terzett bringst du zum Klingen

zu alt ist unser Sehnen

fahr fort mit unseren Träumen

auf abends – sing


**Unser Vater** hört dann

was tief in uns verborgen

Terzett forte bald piano

was gedacht kommt an


Zaghaft huldigt dir

der Klang und die

Gedanken

# Herbst

Vögel fliegen weg,

Blätter werden gelb und fallen

kunterbunt liegt das Laub am Boden.


Wohin fliegen die Vögel?

Was wird aus dem Laub?

Was wird aus uns Menschen, wenn die Kälte kommt?


Vorbei ist des Sommers Wärme, wenn der Sonne Kraft nachlässt.


Was wird aus uns Menschen, wenn der Liebe Kraft

in unserem Herzen nachlässt und vergeht?

# Öl und Wein

Öl und Wein

Wasser und Brot

Wie können wir für dies danken?


Trauer und Einsamkeit

nimmst du uns ab

Wie können wir für dies danken?


Glück und Freude

bringst du zu uns

Wie können wir für dies danken?

# Suche

Eigentlich irre ich durch Raum und Zeit
ohne festen Halt,
wie das Leben funktioniert, weiß ich noch nicht,
wie es nicht werden soll, ist mir schon längst klar.

Ohne Liebe würde ich nicht sein,
ohne Leben,
ohne Denken,
ohne LICHT kein Anfang und kein Ende.

Trotz alledem suche ich nach dem rechten Weg,
der zu gehen mir möglich ist.

Wer kennt den Kampf zwischen richtig und falsch,
wer redet und handelt nicht,
wer jubelt trotz innerer LEERE?

Rot sind die Straßen, rot ist die Liebe,
tot sind die Menschen, die trotz Leere jubeln.

Wer zeigt mir den Weg,
den ich zu gehen vermag?
Wer zeigt mir den Weg
vorbei an den roten Straßen,
an den toten Menschen?

Wer traut sich? Wer ist mutig?
UMWEGE sind inbegriffen.

HAUPTSACHE, ES GIBT IRGENDWO EINEN PFAD,
DER MICH AUF DEM WEG ZU IHM BEGLEITET.

# Wasser

Wasser ist eine traumhafte Erscheinung.

Wasser, immer da
zum Stillen des inneren Verlangens
nach göttlichem Labsal,

zum Reinigen der äußeren Hülle
vom irdischen Schmutz,

zum Bereitmachen des Empfangens
des göttlichen Leibes,

zum Regenerieren des Geistes nach
Überflutung durch kaputte Gedanken

Wasser lässt uns leben – Wasser kann aber
auch den Tod bringen,
Wasser lebt und tötet,
Wasser heilt und macht krank,
Wasser trennt und vereint,
Wasser peitscht hoch und wird ruhiger,
Wasser prasselt auf die Dächer, schwemmt
fruchtbaren Boden weg.

Wasser, so wie du es siehst, sieht es kein anderer.
Wasser, so wie es sich dir zeigt, zeigt es sich keinem anderen.

Wasser ist wie Gott.

# Und übermorgen Augsburg

Langsam gewinne ich den Eindruck, mitten im Tollhaus zu sein. Alles tanzt um meinen Kopf, ständiges Pfeifen belästigt meine Ohren, die Temperatur wird unerträglich schwül. Tollhaus, ach was sage ich – Hölle wäre der bessere Ausdruck – hier am Flughafen in Lviv, dem ehemaligen Lemberg.

Vierzehn Tage war ich hier zur Kur, ja eigentlich zum Einrenken der Wirbelsäule. Fünfmal pro Tag wurde meine Spina halsbrecherisch aus den Angeln gehoben – verdreht. Dann ließ der Arzt die einzelnen Wirbelkörper wieder zurückschnellen. Ich bekam Verbindung zu Teilen meines Körpers, die ich nicht kannte, und zu Teilen, von denen ich nicht weiß, ob ich sie jemals kennenlernen wollte. Dadurch platzte in mir ein Knoten, ein gordischer. Nervenstränge, die zuvor verknödelt meinem Körper Fehlinformationen jedweder Art zukommen ließen, lagen jetzt sauber sortiert in den dazu gehörigen Bahnen. Ruhe kehrte ein, eine Ruhe, die mir bis dato nicht bekannt war.

Jetzt ist es aber mit der Ruhe zu Ende, alles um mich herum ist in Bewegung. Praktisch alle Farben bilden phantastische Formationen, die sich zuerst wie auf Kommando zu einem überbordenden Gemälde moderner Art zusammenschließen, um dann in der nächsten Sekunde wieder zu zerfallen und am Boden zu kauern, so lange, bis eine unsichtbare Hand wieder den Taktstock hebt, um sie aufs Neue zu beleben.

Das Pfeifen wird schrill und immer noch schriller, bis der Ton umkippt und ich tiefes Meeresrauschen vernehme, erste Walgesänge beginne ich herauszuhören, das sanfte Brummen einer Seekuh löst das Liebeswerben der Meeressäuger ab, hinzu kommt jetzt das leichte Tuckern eines Außenborders.

Ölgeruch steigt mir in die Nase, widerliches Maschinenöl, das eigentlich davon erzählt, dass der Motor lange Zeit überdreht wurde, gefolgt vom Geruch nach heißem Stahl, der sich in der Nase festsetzt und um Vorherrschaft buhlt.

Gerade als die aufsteigende Übelkeit meinen Gaumen erreicht, dringt durch meine Nase lieblichster Duft nach Vanille und Zimt in mich. Vanille und Zimt, diese Gerüche versprechen eine kulinarische Überraschung. Mein Magen rebelliert – Zimt und Maschinenöl sind wirklich nichts für Gourmets. Aber als die Mischung gerade am exotischsten schmeckt, kommen mit einem Lufthauch Düfte nach Orchideen und Zitrusfrüchten in mein arg gebeuteltes Riechorgan. Diese Düfte umfangen meine Nüstern, heben meinen Körper in ungeahnte Höhen empor, lassen mich schweben, um mich danach wieder sanft auf die Erde niedergleiten zu lassen.

So warte ich am Flughafen von Lviv, umgeben von Versatzstücken aus der goldenen sozialistischen Zeit, leise brummen die Motoren. Neben der Rollbahn stehen Männer in Uniform, die so finster drein sehen, als ob ihnen der Teufel begegnet wäre. Irgendein kapitalistisches Teil müsste sich bei den Krüppeltouris doch finden lassen – lieber dann wegen der verbotenen Teile die Menschen verurteilen als wegen der Behinderung bedauern.

Die Rollbahn wird freigemacht, die Maschine schleppt sich bis zur Abflughalle, ein etwas unverständliches Krächzen wird von den Lautsprechermembranen an die Luft weitergegeben. Ein Gekrächze, das sämtliche Teilchen in der Luft zum Schwingen, ach eigentlich zum Klirren und Scheppern anregt.

Alle setzen sich in Bewegung in Richtung Flugzeug. Ein letztes Mal den Geruch eingeatmet, der jetzt seltsamerweise an Mottenkugeln erinnert, ein letztes Mal den Blick auf das Mobiliar geworfen, ein letztes Mal sehnsüchtig die ruhigen, vom hellen Vogelgezwitscher begleiteten Spaziergänge im alten, aber doch sehr ausgedehnten Kurpark, vor dem geistigen Auge vorbeigleiten lassen.

Einem Park, der durch Inschriften in deutsch, ukrainisch, hebräisch und französisch dokumentiert, dass hier unterschiedliche Volksgruppen gleichberechtigt nebeneinander gelebt haben. Aber das ist schon lange her. Und sollte es mal wieder so sein, werden hier sicher Russisch und Ukrainisch als Sprache für Inschriften genommen. Es dauert lange, bis alles im Bauch des Flugzeuges verstaut ist: Koffer, Taschen, Rucksäcke, Beutel, Rollis, Duschstühle und sonstiges Gerät. Im Durchschnitt kommt auf zwei Reisende ein gerädertes Wägelchen.

Endlich auf dem Sitz gelandet, endlich angeschnallt, endlich alle auf der Fluginsel angekommen. Wir, die wir aus unserem eigenen Land geflohen sind, weil in den Köpfen der Mediziner kein Platz für innovative Ideen ist. In unserem Land muss jeder in ein Kästchen passen, sogar wenn er krank ist. Und wehe dem, der glaubt, dass für ihn diese Kästchen nicht gelten würden, der wird zumindest durch Nichtbeachtung gestraft – im schlimmeren Fall erklärt man ihn für verrückt. Wenn die Leute doch wüssten, dass der Begriff verrückt hier wirklich sehr angebracht ist. Diese Menschen, die eben nicht in dieses Kästchen passen, verrücken tatsächlich etwas, nämlich das Bild, das wir von anderen Menschen haben. Also gibt es Verrückte und Verrücker gleichzeitig, es ist nur eine Frage des Standortes, und insbesondere des eigenen Kästchens, denn manche sind so hoch und schmal gebaut, dass der Insasse gar keine Chance hat herauszukriechen.

Warum hebt die Maschine nicht ab? Sie rollt in Startposition, scharrt mit den Hufen, breitet die Flügel aus und gewinnt einfach nicht an Höhe. Gedanken, schöne Erinnerungen und heitere Stunden haben das Startseil des Vogels fest im Griff, lassen ihn nicht abheben. Doch dann, mit einem Ruck löst sich das Seil, die Schubkraft der Gedanken, die sich nach Hause sehnen, ist stärker, stärker als die Gedanken, die festhalten.

„Möchten Sie etwas zu trinken, vielleicht etwas Orangensaft oder Kaffee?" Ich werde aus den Erinnerungen gerissen, die bereits langsam verblassen, selbst der Sitz, in den ich gepresst worden bin, gibt mich wieder frei. Aber natürlich, ich will etwas zu trinken, natürlich etwas, worauf ich lange verzichten musste, logischerweise nehme ich einen Orangensaft, welch eine Frage? Zu allem Überfluss gibt es auch noch etwas zu essen, etwas ganz Einfaches, aber sehr Vertrautes, einen Zwetschgendatschi mit Zimt und Zucker, natürlich noch ein bisschen warm. Hier bin ich also wieder, hier ist ein Stück Vertrautheit, fünfzehn mal fünfzehn Zentimeter groß, bedeckt mit süßen Zwetschgen, die im bewährten Viertelschnitt vom Kern befreit wurden, auf einem hauchdünnen, aber dennoch den Saft aufnehmenden Hefeteigboden, der an den Rändern bereits durch die Süße der Früchte und den Backvorgang leicht karamellisiert ist – ein Stück „Augschburg".

Übermorgen bin ich dann auch da.

# Iocaste und Maria

Über Gemeinsamkeiten und Unterschiede der klassischen Frauenbilder Iocaste und Maria.

Ich setze die Kenntnis der beiden Frauenbilder voraus. Iocaste und Maria, beiden wurde ein Kind – wir sind im Altertum, deshalb musste es ein Sohn sein – unter dramatischen Umständen (bei Maria war er es ein Engel, bei Iocaste war es ein Orakel) vorhergesagt.

Von Maria weiß man, dass sie zu diesem Kind „ja" gesagt hat. Damit wurde ihr Sohn empfangen, ein Sohn, der die Welt verändern sollte. Maria war arm, sie gehörte damals der untersten Gesellschaftsschicht an, weil der Mann, der sie dann zur Frau genommen hat, und damit für das Kind zu sorgen hatte, aller Wahrscheinlichkeit nach, ein Handwerker, eventuell ein Dachdecker bzw. ein Zimmermann war. Dies waren Menschen, die nichts besaßen, die nur durch ihrer Hände Arbeit etwas zu essen bekamen. Maria sagte „ja" zu diesem Kind, uneingeschränkt „ja", obwohl sie wahrscheinlich oft nicht wusste, wie es am nächsten Tag weitergehen soll.

Iocaste wurde ein Sohn vorhergesagt, der zum Vatermörder werden sollte, ein wahrlich schweres Omen. Im Vergleich zu Maria lebte sie jedoch als Ehefrau und Königin in gesicherten Verhältnissen. Iocaste sagte zu diesem Kind „nein", ließ ihn, ihrer Meinung nach, sogar umbringen. Sie wollte sich nicht mit diesem Kind auseinandersetzen, einem Kind, das unschuldig geboren wird, das erst später zum Mörder wird. Iocaste sagt „nein" zu einem Kind, lehnt ihr Schicksal ab, fügt sich nicht ein.

Maria hätte auch „nein" sagen können, aber sie fügt sich in ihr Schicksal und erzieht mit Liebe ihren Sohn, welcher besondere Mensch daraus entstanden ist, wissen wir alle.

Kinder, die mit Liebe ins Erwachsenenalter begleitet werden, sind immer stark und liebevoll. Ganz im Gegensatz werden aus Kindern, die von vornherein abgelehnt werden, meistens mit ihrem Schicksal hadernde Erwachsene. Mütter, die sich Zeit nehmen, um ihr Kind kennenzulernen, produzieren ein vertrauensvolles Verhältnis. Iocaste wollte dies aber nicht. Es interessierte sie einfach nicht, wie der Sohn war, den sie gebar. Sie verurteilte ihn schon, da er noch gar nicht geboren war. Sie wollte sich einfach nicht mit dem Schicksal des Kindes, was natürlich auch ihr eigenes war, auseinandersetzen. Ich lasse den Einwurf, „vielleicht liebte sie ihren Mann so sehr, dass sie Angst um sein Leben hatte", nur als erste Reaktion gelten. Eine Frau, die sich ein Kind wünscht, muss sich im Klaren darüber sein, dass sie nun zuerst Mutter ist, dann erst Ehefrau.

Iocaste wurde aber, obwohl sie sich wehrte, vom eigenen Schicksal eingeholt, die Auseinandersetzung damit wurde nur zeitlich verschoben. Am Ende hat sie sich ihrem Schicksal dadurch entzogen, dass sie ihrem Leben ein Ende bereitete.

Also wollte sie sich, vom Schicksal eingeholt, auch das zweite Mal nicht demselbigen stellen. Ganz anders Maria. Sie nimmt ihren Sohn vom Kreuz, und bettet den Leichnam zur letzten Ruhe. Ich denke es ist ihr sicherlich nicht leicht gefallen, aber sie fügt sich erneut ihrem Schicksal. Michelangelo hat dies in einer wunderbaren Plastik ausgedrückt – Maria sieht dort sehr jung aus, ihre Züge lassen auf ein Alter schließen, das kaum 20 Lenze zählt. Warum hat er sie wohl so dargestellt?

Maria, die junge Mutter, die Mutter, die nicht nur äußerlich jung geblieben ist, Marie, die im Herzen jung geblieben ist, weil sie sich ihrer Lebensaufgabe gestellt hat. Von dieser jung gebliebenen Mutter bleibt eine Melodie in der Welt, auch nach ihrer Zeit, während von Iocaste nichts als ein mahnendes Theaterstück bleibt.

Natürlich werden jetzt viele Leser sagen, ja, aber es ist schon ein kleiner Unterschied, ob man ein Kind zur Welt bringt, das von einem Engel angekündigt wird, oder, ob man ein Kind zur Welt bringt, dessen Bestimmung es sei, zum Vatermörder zu werden. Denen allen sei gesagt – ja – natürlich ist dies ein Unterschied, aber es sind so viele unterschiedliche Lebensaufgaben, wie es Menschen gibt. Iocaste hätte an ihrer Aufgabe wachsen können, sie tat es nicht.

Interessant ist es, der Frage nachzugehen, ob Ödipus wirklich dieses Schicksal zu erfüllen gehabt hätte, wäre er bei seiner Mutter und seinem Vater aufgewachsen, die ihn behutsam, Schritt für Schritt, dem jeweiligen Alter angemessen, in den Wortlaut des Orakels eingeführt hätten. Von Orakeln weiß man ja, dass sie oft auf unterschiedliche Art zu verstehen sind.

Ich frage mich, was aus mir geworden wäre, wenn meine Mutter mich abgelehnt hätte?

# Gedanken zu Marien-Leben –
# Brief an Rainer Maria Rilke

*Lieber Rainer,*

puderig sind deine Gedanken über Maria, puderig deshalb, weil sie die doch oft so brutale Wirklichkeit etwas überdecken, das Bild für den Betrachter angenehmer machen. Man erkennt nicht mehr, wie bei einem guten Gesichtspuder, die kleinsten, doch oft unschönen Feinheiten. Andererseits sieht man, wenn diese kleinen Flecken nur noch unscharf oder gar nicht mehr wahrgenommen werden können, oft erst die großen Zusammenhänge. Das Auge des Sehenden hält sich nicht an Nebensächlichkeiten auf, es sieht auf einmal klarer die wesentlichen Momente, das geschieht durch deine Puderigkeit.

Traurigkeit und Liebe sind hier dicht nebeneinander, so dicht, dass man fühlt, dass das eine nicht ohne das andere existieren kann, ja sogar, dass das eine Gefühl notwendigerweise das andere Gefühl braucht, um wirklich klar strahlen zu können.

Pittoresk sind deine Gedichte, sie zeichnen nicht das Bild von Maria, das wäre viel zu hart, nein sie malen ein Hologramm, ein unscharfes Hologramm, einen Hauch von Maria. Dieser Hauch legt sich nur manchmal auf die reale Marienfigur, sodass dem Betrachter sich immer nur die Figur eines kleinen Stückchens von Maria zeigt. Dem Betrachtenden ist jetzt die Aufgabe gegeben, sich in seiner Phantasie die Teile zu ergänzen, die das Bild benötigt, um als ganz gelten zu können.

Lieber Rainer, ich überlege mir, wie deine Gedichte auf Menschen wirken, die nicht die Gabe haben, deine Bildteile im Kopf zu ordnen und zu ergänzen. Befriedigt es, nur einen Teil des Bildes zu sehen? Reicht die Schönheit deiner Sprache aus, um jenes Gefühl zu erreichen, das du für wichtig hältst?

Ich denke, deine Sprache ist so farbig und melodiös, dass jeder etwas davon, also vom Bilde Mariens, erhaschen kann. Und wenn die Ahnung auch nur einen Taktklang anhält, und nicht, wie du es geplant hast, eine Symphonie zum Erklingen kommt.

Das Bild, das der eine wie der andere Hörer nun in sich trägt, wird ihn ein Stück auf seinem Lebensweg begleiten, ihn stützen, und eventuell auch wieder aufrichten.


In Bewunderung

*Veronika*

# GLÜCKLICHE KINDHEIT

**Hatte ich eine glückliche Kindheit?**
**Ob ich Irrlicht eine glückliche Kindheit hatte?**

Seltsame Frage – die Frage nach der glücklichen Kindheit. Überhaupt eine Kindheit zu bewerten – gibt es,
neben der glücklichen oder dem Gegenteil davon, auch
noch eine anders zu bewertende? Ich denke vor allem
an eine zufriedene Kindheit, eine schöne Kindheit.
Lauter Begriffe, die schon etwas abgenutzt in der Ecke
kauern, um bei Bedarf, nämlich bei der Abgeltung oder
Entlassung des eigenen Gewissens des Fragers aus der
Verantwortung, wieder hervorgeholt zu werden.

**Sie wollen also immer noch wissen,**
**ob ich eine glückliche Kindheit hatte?**

Ich, die auf satten, grünen Wiesen lag, putzmunter die
Welt erobern wollte, geliebt von allen, gefördert von
allen? Ja, ich lag auf satten, grünen Wiesen, das helle
Vogelgezwitscher in den Kronen, der Liebesgott Amor
an der Seite, aber unfähig aufzustehen.

**Ob ich eine glückliche Kindheit hatte, fragen Sie?**

Ich war geboren um zu lieben, aber die Liebe blieb an
meiner Seite, sie drang nicht bis zum Herzen vor. Ich
war geboren, um zu lernen, aber alles Wissen versank
in meinem Gehirn, wie ein Gewitter auf hoher See ein
Schiff zuerst zum Kentern, dann zum Versinken bringt.
Das Meer nimmt das Schiff auf, zerlegt es in kleine

Teilchen, die dann von Zeit zu Zeit an Land gespült werden, so als ob das Meer seiner überdrüssig wäre, ohne jegliches System, ohne Vorhersagbarkeit.

Ich war geboren um zu fühlen, aber das Gefühl brannte sich bis tief in meine Eingeweide, schmerzte bei jedem Atemzug.

Ich war geboren um zu platzen, ich sollte den Platz eines Kindes in der Geschwisterreihe, in der Familie einnehmen, aber ich tat es nicht, ich platzte einfach nicht, so sehr ich mich auch anstrengte.

### Sie fragen mich ob meiner glücklichen Kindheit?

Ich war geboren, um zu singen, aber der Gesang war der eines alten Nilpferdes, das sich eigentlich beim Nachbarn über das Eindringen in das eigene Refugium beschwert. Das Vogelgezwitscher war in den Kronen, es lockte mich, es verführte mich, es begleitete mich in ein anderes Land, mit anderen Bedingungen, mit anderen Gesetzen. Dort konnte ich aufstehen, dort konnte ich singen, dort konnte ich lieben. Dieses andere Land stützte mich, gab mir Kraft ohne mir etwas vorzugaukeln, ohne mir den Spiegel vorzuhalten, ohne mich zurückzulassen.

Denn in der ersten Welt wurde ich zurückgelassen, der Rattenfänger des schönen Scheins, wollte mich nicht oder er durchschaute meine sehenden Augen, und er ließ mich deshalb zurück. Zuerst ist es schlimm zurückgelassen zu werden, einsam steht man da, bar jeder Freude, aber dann, wenn der schöne Schein seinen Schleier lüftet, ist es eine Befreiung, nicht gefangen worden zu sein.

**Ich und eine glückliche Kindheit?**
**Ob ich sie hatte, fragen Sie mich?**

Zuerst dachte ich, ich wäre glücklicher, wenn ich unter
Palmen geboren worden wäre, aber über Optionen, die
nur im Kopf bestehen, lohnt sich nicht nachzudenken,
vor allem, wenn sie ausschließlich die Vergangenheit
betreffen.

**Wenn ich tragischerweise unter Palmen**
**geboren worden wäre, wäre ich dann**
**glücklicher geworden?**

Ob ich unter anderen Bedingungen Tragik und Komik
meines Daseins besser vereinen hätte können? Ist denn
nicht eine Kindheit immer glücklich, wenn sich ein Er-
wachsener entwickeln kann, der von Liebe getragen, von
Träumen beflügelt, eine Verknüpfung zwischen seinen
Wünschen und seinem real existierenden Dasein zu
knüpfen vermag, egal unter welchen Voraussetzungen,
unter welchem Stern er geboren wird?

**Sehen Sie mich an, hatte ich**
**eine glückliche Kindheit?**

# Ohne Furcht und Tadel

Zur Mittagszeit klingelte ein Unbekannter an unserer Tür. Ohne Zögern öffneten wir wunschgemäß. Der Unbekannte blieb draußen vor der Tür, denn er hatte Schmutz an den Stiefeln, Schmutz an den Händen und Schmutz an der Kleidung. Sollte sich der Mann an der Türe geirrt haben? So wie der aussah, gehörte er nicht zu uns.

„Mein Auftrag ist es, als immerwährender Ritter die Schwachen zu beschützen, die Ohnmächtigen zu stärken und die Jungfrauen zu wahren. Ist jemand bei euch, der eines Schutzes bedarf oder auf eine Stärkung wartet oder vielleicht eine Jungfrau, die sich unter meinen Mantel flüchten will?"

Wir schauen uns alle verdutzt an! Der? – Ein Ritter für die Schwachen, Ohnmächtigen und Jungfrauen? Wir brachen in schallendes Gelächter aus. Wir prusteten, johlten und patschten mit den Händen auf unsere Oberschenkel, dass es nur eine wahre Freude war.

Der Ritter aber blieb beharrlich: „Jemand, der meines speziellen ritterlichen Schutzes bedarf, irgendein Schwacher, Ohnmächtiger oder eine Jungfrau?" Langsam verebbte unser Gelächter, nun tat er uns leid, so wie er dastand, überall Schmutz, und darunter eine abgeschabte Lederjacke, Jeans und Stiefel. Das alles bot einen sehr traurigen Anblick, zählt man seine Rede dazu, wirkt die Mischung lächerlich.

Ich machte dem Spektakel ein Ende, indem ich ihn fragte, ob er heute schon etwas zu essen bekommen hätte. Natürlich heute noch nicht, aber gestern hätte er einen leckeren Schweinebraten mit Semmelknödeln gegessen, erwähnte er ganz beiläufig. So etwas hätten wir heute nicht zu bieten aber eine warme Hühnersuppe mit Nudeln und Gemüse könnten wir ihm allemal anbieten. Aber so wie er aussieht, solle er die Suppe draußen essen – was der Unbekannte dann auch machte.

Was machen wir bloß mit ihm, fragte meine Oma. Wir können ihn doch nicht so bei Nacht und Nebel weg-schicken. Papa meinte ohne zu zögern, dass er jodel-mäßig in die Nacht hinausfahren soll, so wie er es von den anderen Familien auch gewohnt ist, weggeschickt zu werden, einzig und allein die kleine Tochter sagte, dass es wohl nicht gut ist, einen Menschen wegzuschicken, der Hilfe bedarf, deshalb könne man ihm ja die kleine Dachkammer anbieten. Also gut, meinte Oma, ich richte das Bett für ihn.

Sie wiesen den Ritter an, sich ordentlich zu waschen, die schmutzigen Stiefel unten an der Kellertreppe stehen zu lassen. Nach dem Bad und vor dem Zubettgehen bat man ihn ins Wohnzimmer. Man wollte doch Geschichten von ihm hören. Und er konnte Geschichten erzählen, von ehrbaren Jungfrauen, bösen Ungeheuern, feuerspu-ckenden Drachen, schlauen Zwergen, frechen Kobolden, einsamen Witwen, verwaisten Kindern, eben die ganze

Palette, was das Ritter- und Abenteuerleben zu bieten hatte, wurde vor ihnen ausgebreitet.

Spät, nach vielen Nachfragen und Wiederholungen, beschloss man das Nachtlager aufzusuchen.

Unter dem Bett des Unbekannten zog der Drache seine Runden, die Jungfrauen spazierten auf der Kante, die Ungeheuer gaben sich ein Stelldichein unter dem Nachttisch, worauf die Kobolde und Zwerge immer wieder um die Gunst des Meisters zu erringen, ihm auf der Nase herumtanzten.

Immer wenn der Drache ruhig schnaubte, liefen die Jungfrauen planlos von der Kante hinunter auf den Boden. Sobald er zornig wurde und Feuer spie, stürzten sie in Richtung Bett, kletterten am Pfosten empor, um dann ganz sicher vor ihm zu sein. Denn über dem Kopf des Ritters, auf der Kante war nun mal der sicherste Platz.

Die Ungeheuer unter dem Nachttisch schauten zuerst böse, dann gähnten sie und schliefen rein, obwohl die Kobolde, die eigentlich auf der Nase des Ritters tanzten, sie neckten.

Nur traurig waren die Zwerge, weil sie wussten, wie das Spiel ausgehen wird, die Zwerge erkannten den Ernst der Lage. Schon oft hatte der Ritter ihnen allen prophezeit, dass er dieses Leben des fahrenden Ritters nicht mehr lange durchstehen kann, und er für seine treuen Weggefährten ein neues Zuhause suchen will, ein Zuhause, in dem es alle gut haben werden.

Die Zwerge haben gesehen, wie seine Augen leuchteten, als das kleine Mädchen meinte, dass man ihn doch nicht einfach so in die Nacht hinausschicken könne. Sie haben auch bemerkt, wie sehr die gesamte Familie seinen Erzählungen gelauscht hat, wie sehr sie mitgegangen sind, wie sehr sie sich hineingedacht und mitgefühlt haben.

Das war bis jetzt eigentlich nie da, an manchen Häusern wurden sie gar nicht erst eingelassen, an anderen Häusern bekamen sie zwar etwas zu essen, aber niemand wollte die Geschichten hören, erst jetzt nach einer unendlich langen Reise war ein Haus gefunden, ein Haus, bei dem alles stimmte. Hier konnten sie bleiben, hier konnten sie den Winter über Quartier aufschlagen.

Am nächsten Morgen kam die Oma in das Zimmer, um dem Mann Frühstück zu bringen. Sie war ganz unruhig, weil die Sachen des Ritters so wahllos auf dem Boden verstreut waren, im Gegensatz dazu war es brüllend leise, so leise, dass man kein Wort mehr vernahm. Das Licht der gleißenden Sonne wurde vom Körper des Ritters aufgesaugt.

Er war gegangen.

# Zur siebten Glückseligkeit

Es war einmal ein zotteliges, zerzaustes, ungewaschenes, in Lumpen gekleidetes, kaum sprechendes, unbeholfenes Kind, das weder rechnen noch schreiben konnte, noch konnte es mit einem Instrument oder mit Farbe und Pinsel umgehen.

Wie es so am Wegrand stand und gar bitterlich weinte, kam eine schön gekleidete Frau vorbei. Kaum jemand hatte so eine Schönheit gesehen. So will ich auch sein, dachte das Kind bei sich. Die Frau stoppte ihren Schritt, sah das Kind an, ihre Miene verzog sich dabei zu einer widerlichen Fratze und sie zeterte: „Ja, hat man je so ein scheußliches Kind schon mal gesehen? Igitt, da wird man ja schmutzig, wenn man bloß hinsieht." Sie eilte von dannen, so als ob sie den Leibhaftigen mit seinem Pferdefuß gesehen hätte.

Das Kind war ganz traurig und lief ein Stückchen des Weges weiter, da kam ein permanent meckernder Lehrer vorbei, der immerzu das Einmaleins und das Alphabet vor sich hersagte. Kaum hatte er das Kind wahrgenommen, fragte er: „Du siehst mir ganz so aus, als ob du Unterricht nötig hättest, willst du bei mir etwas lernen?" „Aber ja", nuschelte und stammelte es sogleich hinterher, „liebendendend gerne gerne gerne". „Potzblitz was ist das, du kannst ja nicht einmal sprechen, du bist ja zu dumm zum Sprechen, du kannst mein Schüler nicht sein, denn bevor man etwas lernen kann, muss man sprechen können".

Das Kind war wiederum ganz traurig, lief den Weg ein Stück weiter und wurde gewahr, dass der Magen knurrte. „Etwas zu essen und zu trinken wäre jetzt recht, vielleicht ein Stück Brot und etwas frisches Wasser."

Da kam ein dicker Mann daher, aus seinem Rucksack lugten ein Laib Brot, eine Flasche Wein und noch eine bunte Sammlung an runden, frisch geräucherten Würsten hervor. „Hallo", sagte das Kind, und versuchte so deutlich als möglich zu sprechen, immer noch die Worte des Lehrers im Ohr. „Lieber Herr, ich habe Hunger, gebt mir doch bitte etwas zu essen."

Ganz ängstlich blickte es zu dem großen, runden Mann auf. Als er nach unten sah, und bemerkte wer ihn angesprochen hatte, lief der vor Zorn ganz rot im Gesicht an: „Ja, da läuft man friedlich seinen Weg und dann wird man angebettelt, noch dazu von so einem verlumpten und wahrscheinlich verlausten Kind. Nichts da, geh mir aus dem Weg, sieh doch zu, von wem du etwas zu essen bekommst, von mir auf jeden Fall nicht", sprach's und ging beschleunigten Schrittes weiter.

Wie es ganz traurig am Wegrand stand, kamen zwei Musiker vorbei, einer spielte die Laute, der andere sang dazu. Das Kind fing auf einmal an zu schluchzen. „Aber halt", sagte der Sänger, „du ich höre jemand, vielleicht braucht hier jemand unsere Hilfe". „Aber ja, jetzt höre ich es auch, hier weint ein Kind": Sie sahen in den Straßengraben, wohin sich das Kind begeben hatte, damit es nicht mehr gesehen werden kann. „Aber, warum weinst du denn?" fragte der Lautenspieler. „Ach, Herr seht mich doch nur an, ich sehe hässlich aus, kann weder sprechen, noch kann ich lesen oder rechnen, habe Hunger und Durst und niemand von den vorbeikommenden Menschen will mir helfen." „Aber wir können dir helfen, wir haben zwar nicht viel, aber es wird schon für uns drei reichen." „Ich glaube du kannst nicht rechnen, oder bist du nicht ganz bei Trost, es reicht gerade mal für uns beide, und das ist auch schon sehr knapp, außerdem müssen wir bis zum Abend in der nächsten Stadt sein, komm los, wir müssen uns beeilen." „Aber du kannst doch nicht das Kind alleine in diesem Zustand zurücklassen?" sagte ohne zu überlegen der eine, der andere daraufhin, „du vergisst wohl, wer dich aus der Gosse aufgelesen hat, du tust was ich sage, und basta!" So sprach er und zog den anderen an der Hand fort.

Gerade als es schon zu dämmern begann, kam ein Maler mit seiner Staffelei, die er geschultert hatte, vorbei. Das Kind hatte sich im Straßengraben so versteckt, dass es von dem Mann nicht gesehen werden konnte. Mit großen Schritten und festem Tritt marschierte er entlang, immer der untergehenden Sonne entgegen. Er bemerkte weder das Kind, noch den knurrenden Magen, noch dass es hinter ihm herlief, natürlich in gebührendem Abstand. Der Maler ging sehr schnell, sodass das Kind ihm nicht mehr folgen konnte, weil es vor Hunger und Durst so geschwächt war. Irgendwann fiel es dann vor Müdigkeit in den Graben und schlief sofort ein.

Eine alte Frau kam in der Dunkelheit des Weges, sie war zu spät vom Feld weggegangen, sodass sie sich jetzt anstrengen musste, die Straße zu finden. Gerade als sie vom Weg abkommen wollte, hörte sie ein leichtes, flaches Atmen, sie schaute nach, was denn das wohl sein würde. Da entdeckte sie das Kind schlafend zwischen zwei Grasbüscheln. Sie hob es behutsam auf, legte es in ihren Leiterwagen und zog mit ihm nach Hause. Dort angekommen, legte sie es in ihr frisch gemachtes Bett und schlief selber auf dem Fußboden.

Am nächsten Morgen staunte das Kind nicht schlecht, denn so gut und so warm hatte es lange nicht mehr geschlafen. Die Frau hantierte bereits mit Töpfen und Pfannen, ein leckeres Essen wurde für beide bereitet. Gleich nach dem Frühstück heizte man den Wasserkessel an, um Badewasser zu erhitzen. Ach, war das eine Wohltat für das Kind, seine Glieder in dem warmen Wasser zu baden und mit einem großen Stück wohlduftender Lavendelseife zu säubern. Das Kind wollte sich bedanken, aber es stammelte nur undeutliches Zeug. „Ach, so ist es mit dir, du musst noch vieles lernen, wenn du willst, kannst du bei mir bleiben, ich kann dir einiges beibringen". Das Kind war überglücklich, blieb da und lernte alles, was die alte Frau wusste, und das war nicht wenig. Nach einiger Zeit nahm die Frau das Kind als ihr eigenes an.

Als aber einige Jahre ins Land gezogen waren, wurde die Frau immer schwächer, und sie spürte, dass ihr letztes Stündlein sehr nahe war. Sie verabschiedete sich von dem Kind, das in der Zwischenzeit zu einer zarten jungen Dame herangewachsen war, die mit allen Menschen einen liebevollen Umgang pflegte. Die alte Frau ging nun ihren letzten Weg, den Weg, von dem niemand zuvor weiß, ob er einem glückt. Es kann auch niemand darüber berichten, noch kann jemand weise Ratschläge darüber erteilen, weil niemand jemals, den Weg einmal eingeschlagen, zurückgekommen ist.

Sie ging zu der Stelle, wo sie vor vielen Jahren das Kind gefunden hatte, setzte sich und schlief ein. Auf einmal wachte sie wieder auf. Sie wurde durch das Vogelgezwitscher in den Bäumen geweckt, die ersten Sonnenstrahlen verhießen einen wunderschönen Tag, die Luft streichelte ihre Haut, sie fühlte sich jung, so stand sie auf und ging der aufsteigenden Sonne entgegen.

Auf dem Weg in die Morgensonne kam sie an einer einstmals sehr schönen Frau vorbei, die jetzt sichtlich gealtert den Weg nicht mehr schaffte, sie überholte einen Lehrer, der wie im Delirium das Alphabet und das Einmaleins immer wiederholte, so als ob er gar nicht wüsste, was er tut, vorbei an einem Dicken, der vor lauter Fettsein die Beine nicht mehr bewegen konnte. Ein Musiker jodelte immer wieder das Echo vom Königssee, ein Maler war unter der Last der Staffelei zusammengebrochen. Die Frau schritt leichten Fußes an allen vorbei. Sie benötigte weder einen Stab noch ein Schwert. Bald kam sie an ein Tor, das wunderbar mit Ranken aus Arkadien verziert war. Vor dem Tor stand ein Wächter, der sie beim Namen nannte.

Auf einem Schemel saß der zweite Musiker, er hatte wohl schon lange gewartet, weil Spinnennetze seine Beine verbanden.

Die Frau ging am Wächter vorbei,
das Tor schloss sich für immer.

# Unsäglich *(Mein imaginäres Konzert)*

Eine Geige stimmt an, eine Bratsche folgt, daraufhin eine
Posaune und ein Klavier, nein, was sag ich denn, ein Flügel.
Die Violine jubiliert, Pauken trommeln zuerst ganz leise, der
Ton schwillt an, eine Mundharmonika gesellt sich selbstbe-
wusst dazu, nacheinander ohne festes Reglement intonie-
ren sämtliche Instrumente die ersten Takte der Symphonie.

Wie von Geisterhand verstummen alle. Den Nachhall
des lustigen Durcheinanders noch in den Ohren, lehne
ich mich in den weich gepolsterten Sessel zurück, ent-
spanne mich für einen kurzen Moment, obwohl, in der
Erwartung eines höchsten Kunstgenusses, es eigentlich
widersprüchlich ist von Entspannung zu reden, konzen-
triere mich auf die ersten Töne des Stückes, mein Blut
beginnt rascher zu fließen, ich halte die Luft an. Da, der
erste Ton, die Spannung steigt weiter, der erste Takt, die
erste Taktfolge, das Blut beruhigt sich wieder, die Mus-
keln meines Oberschenkels verringern ihren Druck auf
das Polster, weich werde ich vom Sessel aufgefangen,
umschlungen. Ich fühle mich umarmt, von unten ge-
stützt, von der Musik beflügelt. So kann ich meine Reise
antreten, eine Reise, durch die Vergangenheit, durch die
Gegenwart und die Zukunft. Eine Reise bei der weder
Raum noch Zeit noch meine nicht mehr funktionstüch-
tigen Knochen ein Hindernis darstellen.

Meine Gedanken halten sich an Orten auf, kündigen
intern von Wohlgefühl und Frieden, mögen sich und
andere, innerer Frieden so stark, dass er auch auf den
äußeren wirkt, und somit eine Melodie zum Klingen
bringt, die alle Menschen umfängt und ihnen ein
Lächeln auf das Gesicht küsst.

Der erste Satz ist vorbei, in Erwartung des „Adagio" des zweiten Teiles rücke ich mein Kleid zurecht, streiche eine Falte aus dem Seidenstoff, räuspere mich kurz, lege zur Sicherheit noch ein Pfefferminzbonbon unter die Zunge, räuspere mich nochmals, als schon die ersten Töne, auf Anweisung des Dirigenten, durch den Raum marschieren.

Zuerst ganz geordnet, wie auf einer Perlenschnur, dann immer frecher werdend, scheinbar aus der Reihe tanzend, bis sie sich schließlich überholen, überschlagen und bunte Zirkus-Kunststückchen vorführen. Hier werden Saltos dargeboten, dort springen sie durch brennende Reifen, woanders beweisen sie ihren Mut, indem sie den Kopf in das geöffnete Maul eines Löwen legen. Obwohl das Treiben so kunterbunt ist, verschmelzen diese Eindrücke zu einem farbenprächtigen Bild, das an eine fulminante moderne Malerei erinnert. Sogar der Clown, mit seinem klassischen schwarzweißen Pierrot-Kostüm, fügt sich frech und altklug mit ein.

Ein Pfefferminzbonbon später ist wieder, trotz des lauen und durchaus schon den Sommer vorwegnehmenden Wetters, im Saal eine Räusperpause eingelegt worden, da konnte man den Bass eines doch sehr gewichtigen Herren vom lispelnden Geräusper eines schüchternen Mädchens, ein Kindergequengle und ein flüsterndes Austauschen von Zärtlichkeiten unterscheiden. Alles etwas aus dem Takt geraten, alles aber hilfreich, um den nächsten Satz zu einem störungsfreien Genuss werden zu lassen.

Wie ein Gewittersturm bricht der nächste Satz über die Zuhörer herein, es regnet Töne, ach was, die Töne prasseln auf die Körper nieder, bohren sich durch die Haut bis auf die Kochen, klitschnass wird man, die Feuchtigkeit schnürt einem die Luft ab, zuerst friert man, die Musik heizt so lange ein, bis das Wasser zum Dampfen kommt. Richtig dicke Nebelschwaden hängen über den Zuschauern, benetzen sie abermals. Jetzt werden die Töne zum Trocknen der Kleider eingesetzt, sie umschwirren jede feuchte Stelle bis sie das Wasser überzeugt haben sich als Dampf davonzustehlen.

Wirklich gut ist mein Kleid getrocknet, einzig die Stelle, auf der ich sitze, ist noch etwas feucht, aber das macht gar nichts, denn nach dem vierten Satz gehe ich nach Hause und trockne mich ab, hänge meine Kleidung auf den Bügel, trinke und esse noch eine Kleinigkeit und begebe mich ins Bett. Morgen wird wieder ein anstrengender Tag, ein Termin jagt den anderen, Gespräche, Sitzungen – „Jagd nach dem Geld" – könnte man auch dazu sagen. Auszeiten müssen sein, deshalb sitze ich hier, hier muss ich nicht die perfekte Frau sein, hier muss ich nicht aktiv sein, hier bin ich eine von vielen, darf sitzen und hören, mich der Musik hingeben. Früher wollte ich auch mal ein Instrument lernen, ich wollte unbedingt Klavierstunden nehmen. Aber meine Eltern wollten nicht, dass ich mich mit so unnützem Zeug wie der Musik abgebe, jawohl, etwas, was richtig Geld bringt, sollte ich lernen. So bin ich dann eben nicht in die Klavierstunden gepilgert, sondern habe meinen Körper und meinen Verstand durch Mathe, Physik und Latein gestählt. Die bunten Triebe, die überall aus meinem Kopf kamen, wurden mit Millimeterpapier eingepackt, die Ideen durch Pflichterfüllung, Zielorientierung und Zwang zum Erfolg ersetzt, der Körper in ein unsichtbares Korsett aus Fitness und Schönheit gepresst, zugeschnürt, bis mir das Herz stillstand.

Leise Stimmen klopfen an mein Ohr, liebevoll bitten sie um Einlass, durch die geöffnete Pforte schreiten sie herein, bilden in mir eine Familie, verbreiten wohlige Wärme in meinem Körper. Ganz behutsam werden es immer mehr, sodass die Wärme und die Entspannung bis tief zu meinem Herzen vordringt, ich schließe die Augen, um der Realität zu entgleiten, die Realität, von der wir annehmen, sie stelle die Wirklichkeit dar. In Wahrheit ist es aber so, dass die Realität oft nur einen kleinen Teil der Wirklichkeit abdeckt. Das Orchester entführt uns jetzt an einen Ort, der nur zu erreichen ist, wenn man die Realität hinter sich lässt, bereit ist auf das Abenteuer.

Wirklichkeit. In sanften Klängen, leise entlässt uns der Dirigent. Er hat mich an einem Ort abgegeben, der die vollkommene Harmonie darstellt.

Thomas betritt das Zimmer seiner Mutter, fast sieht es so aus als würde sie schlafen, in ihrem neuen Polstersessel, den er ihr zum letzten Geburtstag geschenkt hat. Unten auf dem Hof bellt ein Hund. Er betrachtet seine Mutter genauer, irgendetwas stimmt nicht, sie war so schlaff. Der Plattenspieler war an, ein Geschenk von Papa zu einem Hochzeitstag, damit sie ihre geliebten Sinfoniekonzerte wieder und wieder anhören kann. Sie hatte ihn lange nicht mehr benützt, eigentlich seit letztem Jahr, als ihr ein Arzt fast vollständige Taubheit attestiert hatte. Heute hat sie ihn wieder benützt, aber niemand im Haus hat etwas gehört, sie hatte die Lautsprecher nicht eingeschaltet. Er schmunzelte, drehte sich zu ihr um.

Jetzt fühlte er, es war ihr letztes Konzert.

# Ab in die Ferien

Tatsächlich – richtig Ferien, richtig Nichtstun, pulsierendes Nichtstun, abschalten, raus und weg, alles hinter sich lassen, obenauf sein, der Herr seiner Zeit sein, endlich raus aus dem Hamsterrad, endlich weg, nichts wie weg. Die Koffer sind rasch gepackt, schnell noch traumgleiche Lektüre eingesteckt, Musik zum Entgleiten aus dem Alltag mitgenommen – so gerüstet werden die Ferien zum allerhöchsten Genuss.

Unter Palmen kann ich vergessen, was zu vergessen sich lohnt, unter Palmen kann ich lachen, unter Palmen kann ich träumen, mich in eine andere Welt begeben, überlegen, um in der hiesigen Welt zu überleben.

Trotzig passiere ich die Alpen, Richtung Süden fliege ich mit meinen Gedanken immer ein Stück voraus. Wohin ich eile, es folgen mir die Schatten der zu Vergessenden. Zuerst sind sie ganz weit hinten, sie kommen aber im Laufe der Zeit immer näher an mich heran, bis sie an meiner Seite sind. Ich sehe ihr hämisches Grinsen, ihren feuchten Atem spüre ich im Nacken, ihre Blicke versprechen nie mehr etwas Gutes.

Trotzig gehe ich ins Hotel, fahre mit dem Lift in die oberste Etage, dem Himmel ja so nah. Wann werde ich die Schatten los? Wo liegt Arkadien? Warum sind sie jetzt noch neben mir? Wunder dauern immer etwas länger, und hier muss anscheinend eines geschehen.

Wo liegt Othello? Wo seine Frau? Wer begleitete Mozart auf seiner Reise nach Prag? Wie hat Trakl die heilige Afra gezeichnet? Untertauchen in das Meer aus Wörtern, baden in den Gedanken und Gefühlen der Figuren aus der Parallelwelt, irren in verwirrten Gefühlsgassen, Wege suchen, die auf hell erleuchtete Plätze führen, Plätze, auf denen man sitzen kann, einen kleinen Espresso mit Milchschaum und Amarettinie zu sich nehmen, wo Menschen leicht vorbeischreiten, den Abendwind auf der Haut fühlen, das opulente Abendessen erwarten.

Unter lieblosen Touristen ist nicht gut sein, weshalb heilige Orte illegal hier erbaut, dann permanent getreten und niedrig positioniert, ordinär plakatiert und mit rigiden Sprüchen vermarktet werden.

Unter Palmen ist trotzig sein irrigerweise auch nicht kostbarer.

Unter Palmen ist glücklich sein überraschenderweise auch nicht höher. Unter Palmen kann man hohe Gefühle nicht mehr steigern. Unter Palmen kommt es nur schneller zum Frösteln, weil konkreter und perfekter die Wirklichkeit wahrgenommen, wunschgemäßer, besser sein soll.

Allerdings wird man auch hier im Paradies vom kleinen Kohldämpfler verfolgt. Der wird zuerst gar nicht wahrgenommen, später dann persönlich angesprochen, um die Hotelküche getrieben. Wer dann zuerst aufgibt, ist der Sieger, weil die Tische überreich beladen sind. Nach dem Essen werden die ersten die letzten sein. Weniger ist mehr, sagt man zu dem Kohldämpfler, morgen mach ich es anders.

Ich merke, wie die Schatten, angesichts der Tische durchsichtiger werden, wie Reste davon sich verkriechen und nur in schwachen Stunden wieder erstarken, sobald aber die Sonne hoch am Himmel steht, bröseln und ganz zu Staub werden.

Wunder gibt es doch, sie dauern halt ein bisschen und anscheinend hilft mir dabei mein kleiner Kohldämpfler.

Richtig albern wird man bei der Rundreise durch die Parallelwelt – wer einem da nicht alles begegnet. Kleist kommt gerade aus der Südsee, Goethe ist sowieso schon transalpin, Theodor Fontane weilt an der Ostsee, Immenhof liegt gar nicht weit davon entfernt. Wo die Dichter sind, da ist gut sein, da hält das Gerüst aus Gefühl und Wahrnehmung. Da tragen sogar die Leerstellen einen über Abgründe hinweg, die oft an Untiefen nicht mehr zu steigern sind.

Hotelküche und Parallelwelt, zusammengenommen der Schlüssel. Leider nimmt man die Küche nicht wieder mit zurück, oder, Gott sei Dank, denn eine Steigerung ist dann nicht mehr möglich. Wer aber immer folgt, sind die Figuren aus der zweiten Welt. Sie sind da, wann immer ich sie brauche, sie umwickeln mich mit neuen Geschichten, sie trauen sich Wirklichkeit neu zu erfinden, sie erhöhen mein irdisches Dasein, sie fügen sich meinen Wünschen.


Danke für alles.

# Szenen einer Ehe

**Mutti:** Ob ich wohl in die Küche gehen soll und etwas zu essen mache?

**Papa:** Das ist eine prima Idee.

**Mutti:** Was soll ich machen?

**Papa:** Etwas kochen.

**Mutti:** Nein, ich meine, was soll ich kochen?

**Papa:** Etwas Gutes.

**Mutti:** Welches Gericht, meine ich.

**Papa:** Egal, Hauptsache, nicht wenig.

**Mutti:** Dir ist es egal was?

**Papa:** Nein, mir ist es nicht egal was, ich meine nur, deine Kochkünste sind so überragend, dass es keinen Unterschied macht.

**Mutti:** Mmmh, so, a ja, es macht also keinen Unterschied, ob ich dir ein Ei brate oder ob ich dir einen Lammbraten mit Bohnen und Kartoffeln zaubere.

**Papa:** Nein, das ist mir nicht egal, ich meine nur, dass es mir gleich ist.

| | |
|---|---|
| *Mutti:* | So so, dir ist es also gleich, ob du etwas zu essen bekommst oder nicht. |
| *Papa:* | Nein, das ist mir nicht gleich. |
| *Mutti:* | Ja, was denn nun? Zuerst ist es dir egal, was ich koche, dann ist es dir gleich, ob ich was koche. |
| *Papa:* | Nein, es ist mir nicht egal, ich hab nämlich Hunger. |
| *Mutti:* | Ja, was glaubst du denn, warum ich gefragt habe, ob ich etwas zu essen machen soll? |
| *Papa:* | Weiß nicht. |
| *Mutti:* | Was, du weißt nicht? |
| *Papa:* | Ich habe Hunger! |
| *Mutti:* | So, jetzt auf einmal hat der Herr Hunger. |
| *Papa:* | Nicht auf einmal, schon die ganze Zeit. |
| *Mutti:* | So, du hattest also die ganze Zeit Hunger und trotzdem war es dir egal. |
| *Papa:* | Ich meinte ja nur. |

*Mutti:* Außerdem sitzt du die ganze Zeit,
wie kann man da Hunger kriegen?

*Papa:* Ich habe gearbeitet.

*Mutti:* Ah, ja vielleicht im Sitzen? Da kann
man überhaupt keinen Hunger kriegen.
Schau mich an, ich renne den ganzen
Tag zwischen Küche und Wohnzimmer
hin und her, da kriegt man Hunger. Ich
fasse mal zusammen: du sitzt da, zuerst
ist es Dir egal, was ich mache, dann ist
es dir gleich, ob ich etwas mache, dann
hast du Hunger, obwohl du gar keinen
haben kannst. Ich glaube, du hast keine
Ahnung, wie mich das aufregt.
So, jetzt kann ich auch nichts mehr
essen.

*Papa:* Ich schon, aber ich kriege ja nichts.

*Mutti:* Es war dir ja auch egal.

⋮

Glaubst du nicht, wir sollten dem Kind
etwas zu essen geben? Was meinst
du, ist es jetzt nicht schon zu spät fürs
Kochen?

⋮

*Papa:* Ach, Mutti, weißt du was, ich glaube das
Kind würde gerne Chinesisch essen –
weißt du was, ich zahle, du holst.

# DADAISMUS

**Text**

RÜTTET RÜTTET VOM BAUM DIE FRUCHT
SCHÜTTET SCHÜTTET VOM KORB IN DEN SACK
QUETSCHT QUETSCHT DEN SAFT AUS DER FRUCHT
GLUCK GLUCK WEG WAR DER SAFT
WIRF WIRF TREBER AUF DEN BODEN
WACHS WACHS BAUM AUS KERN
GEDEIH GEDEIH  FRUCHT AM BAUM
RÜTTET RÜTTET VOM BAUM DIE FRUCHT
…

**Gedicht**

ich, du, er und wir

wir vier gehen in einen raum ohne wände
essen ein mahl
riechen noch farben
hören stimmen

holen hoffnung von der decke
liegen auf dem verdrehten tisch
der totengräber schüttet eine schaufel aus erde auf mich

– bis bald,
du folgst mir nach

## Gespräch

unternehmen wir etwas dada?
dada, was meinst du damit?
unterricht im zuschauen von fischen
unterricht im hören der klänge einer wand
lernen von – ohne hilfe zu lachen
lesen das leben
rechnen die summe der traurigkeiten

du bist toll,
weil du mich dada machen lässt
du als mathe- und chemiemensch kennst dada nicht
dir entgeht viel wunderbares
aber ich kann dich führen
bis du im zentrum des paradoxen ankommst,
da beginnt nämlich deine logik,
da können wir uns treffen und ein fest feiern,
ein fest ohne pauken und trompeten,
ein fest ohne festmahl und getränke
ein fest nur wir beide – das paradoxon und die logik
verschmelzen zum leben

# Richtlinien für Kritik an Literatur

Literatur ist Kunst. Kunst soll uns zum Nachdenken, zum Verändern innerer Einstellungen, zum Wahrnehmen neuer Sachverhalte anregen, kurz gesagt, sie soll uns ansprechen.

## Kunst trifft auf Mensch

Jeder Mensch ist anders, jeder hat eine andere Wahrnehmung, es gibt keine zwei Menschen mit gleicher Wahrnehmung. Also wirkt das gleiche Kunstwerk bei jedem Menschen anders. Man muss sich das wie zwei Folien, die übereinander liegen, vorstellen. Folie Mensch liegt unter der Folie Kunst. Jetzt kann beim Zusammenschmelzen der beiden Folien etwas Neues entstehen. Dann hat die Kunst etwas bewirkt. Passen aber die Folien nicht aufeinander, so kann nichts Neues entstehen. Kunst hat dann nichts bewirkt. Das ist zwar schade, aber hier kann weder die Kunst, noch der Mensch etwas dafür.

## Kunst trifft auf Kritik

Nachdem hinter jeder Kunst ein Künstler steht, der genauso ein Mensch ist, wie derjenige, auf den Kunst treffen soll, trifft hier vordergründig zwar Kunst auf Kritik, beim genaueren Hinsehen aber Mensch auf Mensch.

## Mensch trifft auf Mensch

Übt jemand Kritik an einem Werk, so übt er letztlich Kritik am Menschen. Kein Mensch ist aber dem anderen gleich, kein Mensch hat die gleiche Erfahrung wie der andere. Also resultiert daraus, dass Kunst gar nicht ohne Widerspruch zu erzeugen, oder sagen wir besser Irritationen auszulösen, oder noch sanfter, zum Denken anzuregen geschrieben, gemalt oder gespielt werden kann.

## Zwei Fragen können maximal gestellt werden:

1. Konnte der Autor sein Bild, nämlich das Bild, das er im Kopf hatte, mit all seinen Nuancen durch das Kunstwerk an den anderen Menschen übermitteln?

2. Ist der Kritiker in der Lage diese Irritationen auszuhalten und kann er darauf dann adäquat reagieren?

In der Diskussion kann man beides feststellen.

Der Kritiker kann sagen, wie das Werk auf ihn gewirkt hat, falls es gewirkt hat. Der Autor kann seine Absicht mitteilen, natürlich nur, falls er eine gehabt hat.

Und dann kann man schauen, wie weit man voneinander weg liegt.

Sagt der Kritiker, dass ihm das Werk nichts gebracht hat, so kann man auch nichts machen. Auf keinen Fall darf ein Kritiker sagen, das Werk sei schlecht, weil das ein persönlicher Angriff ist, da ja in jedem Werk die Seele des Künstlers steckt.

## Meine persönliche Erfahrung ist folgende:

Sagt ein Kritiker, dass etwas nicht gut ist, so kann er oft mit den Irritationen, die ein Werk darbietet, nichts anfangen, sie zu allem Überfluss nicht einmal aushalten.

Mir fällt auf, dass heftige Kritiker selber selten zur Feder greifen. Ich frage mich, ob sie es wohl nicht können, oder ob sie, so eine harsche Kritik, wie sie selbst oft abgeben, nicht aushalten können?

Es ist ganz schwierig, zu sagen, ob jemand etwas richtig gemacht hat, weil jeder Mensch eine andere Wahrnehmung hat, also kann ein Text bei zwei Menschen nie den gleichen Eindruck hinterlassen. Für den Autor ist es wichtig zu erfahren, wie ein Text auf einen anderen wirkt.

# Der Kohldämpfler

Freitag, viertel nach drei, kurz vor dem Schreibseminar besucht mich mein alter Bekannter, manchmal ein lästiger Freund, manchmal für eine Ausrede gut – mein kleiner Kohldämpfler.

Ja, den kenne ich gut, mein immerwährender Begleiter, wohl gelitten, aber manchmal auch ganz schön nervig, generell existenziell wichtig – vor allem für mich.

In solchen Situationen benimmt er sich wie ein ungeduldiger kleiner Hund an der Leine. Wo zieht er mich hin? Natürlich in Richtung des wohlschmeckenden, innere Befriedigung verheißenden Duftes – in die „Cafete". Ich werde zu den Vitrinen gezogen, plötzlich mutiert mein kleiner Kohldämpfler von einem ungeduldigen kleinen Hund in einen größeren, aggressiveren seiner Spezies. Als ich mir die Auslage ansehe und das Angebot prüfe, verstehe ich die Ursache der Veränderung meines Begleiters. Exakt eine belegte Semmel liegt verloren auf einem kleinen Tellerchen.

Nachdem ich die Qualität bestimme, auf der nach unten offenen Ekelskala mit neun zu bewerten, fletscht mein Kohldämpfler die Zähne. Das Brötchen war adelig, das heißt von gestern, die Salami lugt abgetrocknet und halb tot an einem Ende heraus, das Salatblatt mimosenhaft eingerollt – diese Präsentation ließ meinen Begleiter deutlich ruhiger werden.

Plötzlich spüre ich eine Person hinter mir, sie kommt mir näher und näher, ihr feuchter Atem erreicht meinen Nacken. Sie beschleunigt ihren Schritt, setzt zum Überholen an, zieht an mir vorbei, greift in die Vitrine. Mein Begleiter bläst sich auf, wird zur wilden Bestie, fletscht die Zähne, Sabber rinnt über seine Lefzen, Augen drohend weit geöffnet, der andere greift in seine Hosentasche, holt eine Sammlung an diversen Münzen hervor, es klimpert auf den Zahlbrettchen. Mein zum feuerspeienden Drachen mutierter Begleiter lässt gerade eine Flammenwand zwischen der Kassiererin und dem Nahrungskonkurrenten erstehen.

# Sag mir, wo die Blumen sind ...

Sag mir, wo die Blumen sind ... so beginnt ein Chanson nach der dunklen Zeit – in einer Zeit in der eigentlich kein Gedicht mehr geschrieben werden soll.

Sag mir, wo die Blumen sind ... so fragt die Sängerin das Publikum, von denen einige noch gar nicht bemerkt haben, dass etwas nicht mehr da ist.

Sag mir, wo die Blumen sind ... plötzlich sind sie verschwunden.
Wie kam das?

Sag mir, wo die Blumen sind ... nein, so plötzlich war es nicht, es ging langsam, für den unwissenden Betrachter – schleichend.

Sag mir, wo die Blumen sind ... eigentlich fing alles ganz harmlos an, man machte sich Gedanken um den richtigen Menschen.

Sag mir, wo die Blumen sind … dann machte man sich Gedanken, um die Menschen, die nicht ganz richtig sind.

Sag mir, wo die Blumen sind … kein richtiger Mensch zu sein ist suspekt, die anderen müssen davor geschützt werden.

Sag mir, wo die Blumen sind … also sortiert man aus, in weiter Ferne – oder doch ganz nah.

Sag mir, wo die Blumen sind … man schafft beiseite, man vernichtet, man macht Asche daraus.

Sag mir, wo die Blumen sind … zugleich gehen die Farben weg, die Melodien verstummen, der Duft ist auf einmal bitter, wie die Mandel.

Sag mir, wo die Blumen sind … ohne Farbe keine Blumen, ohne Blumen keine Freude, ohne Freude keine Liebe,

ohne Liebe kein Leben,

zurück bleiben Gewehre, Panzer, Gewalt und Blut,

es gibt keinen richtigen und keinen falschen Menschen, es gibt keinen wertvolleren Menschen.

GOTT unterscheidet nicht, wir tun es auch nicht

und dann kommen die Farben zurück, leise ertönt eine Melodie, die Luft verheißt einen milden Frühlingstag;

und hier wachsen sie dann auch – die Blumen und mittendrin ein rosa Kaninchen.

# Zu irdenem Gebälk

Opa geht mal wieder in den Garten.

„Warte bis zum Zwölfuhrläuten, dann gibt es Kartoffelsuppe mit Apfeldatschi", ruft ihm Oma nach. Ob er es hörte, ist ihm nicht ganz klar, aber er ist schon bei seinem neuen Holzhäusle, extra gebaut, um die Zwiebeln luftig aufzuhängen.

Die Zwiebeln, die er im Frühjahr aussät, die dann von der Oma gejätet, gegossen und liebevoll betrachtet, um schließlich von ihm im Herbst gezogen, vom Boden befreit, das Kraut zu einem Zopf geflochten, und schließlich in luftiger Höhe, knapp unter dem First mittels eines Garbenstrickes gehängt, getrocknet, um dann im Winter ins Haus mitgenommen zu werden, und dort Zutat zu einer dem Gaumen Geschichten vom Leben erzählenden Sauce geadelt zu werden.

Genau für solche Zwecke war das Häuschen gedacht. Aber es war nicht so entscheidend, ob jetzt Zwiebeln gehängt, Wirsing gelagert oder gelbe Rüben eingemietet wurden.

Nebenbei hatte er noch etwas Platz für sein Werkzeug gelassen, sein Werkzeug, das mittlerweile mit ihm in die Jahre gekommen ist. Da war noch seine erste Säge, die er von der Lehrzeit in der Brunnenmühle mitgebracht hatte. Er war damals bei einem guten Lehrherrn, der ihm lobend etwas beibrachte, nicht so wie bei seinem Spezel, dem der Meister nicht nur Geld, sondern auch das Wissen schuldig geblieben war. Wenn er es sich recht überlegt, muss eigentlich noch irgendwo ein

Stemmeisen aus der Zeit sein, eines mit einem acht-
kantigen, aus Buche geschnitzten Griff, eines, das man
wie seinen Augapfel hütet, eines, um das einen die
anderen beneiden, eines, das man verleugnet, sobald
ein Nachbar überlegt, wen man denn um ein solches
bitten könne.

Öliger Geruch kommt aus einer Ecke, liebevoll umwirbelt
er die Nase, flüstert ihm leise zu, mitzukommen in die
Zeit seiner Jugend. Da war dieser Quell des Duftes nach
Technik, noch der Stolz aller Rasenbesitzer, dessen man
sich brüstete, dessen Adern am Samstagnachmittag mit
einem obskuren Gemisch aus Diesel, Öl und noch einem
sehr verschwiegenen Anteil vollpumpte, um diesen dann
mittels Anzugsseil zu starten, und mit geschwellter Brust
vor sich her fressen zu lassen. Lächelnd beugt sich Opa
zu dem guten alten Stück hinunter, ja, ja was für die
Oma der Kinderwagen, aber des tät jetzt zu weit führen.
Rückwärtsgehend wäre er bald über sieben alte, schon
total vergammelte Fläschchen Pflanzenschutzmittel
gestolpert, für Notfälle hat er es hier an der Seite aufge-
hoben, wenn die Ameisen zum Angriff blasen würden,
oder der Kartoffelkäfer nochmals vom Himmel fallen
möchte. Ja, dann wäre er gewappnet, und auf der
überlebenden Seite, mit dem giftigen Zeug. Heut darf
so was ja nirgends mehr rumstehen.

Wirklich hängen tut er an seinem, in der Mitte unter
dem Firstbalken an einem dünnen, teilweise schon
ausgefransten Seil baumelnden Schrumpfkopf. Nein,
liebe Leser, mein Großvater war kein Kannibale, es war
ja auch kein echter, sondern einer aus Holz nachge-
schnitzt. Sein Firmpate, der Onkel Isidor, ein Knecht aus
dem Allgäu, hatte die Nase voll, immer auf den Höfen

seiner reichen Verwandten im Dienst sein zu müssen, sodass er eines Tages auf einem Abenteurerschiff anheuerte und in die Kolonien schipperte. Allerdings war dort auch nicht alles Gold was glänzte, nur den Schrumpfkopf und das Gelbfieber brachte er von der Reise mit, den Schrumpfkopf verschenkte er, kurz bevor ihn das Fieber hinraffte, an Opa. Das war zu der Zeit, als dann zurückgeschossen wurde.

Immer wenn er so dasteht, kommt ihm eine kleine Träne ins Auge, einfach so, ohne große Vorwarnung, ohne zuvor einen Gefühlsausbruch zu haben, leise aber unmerklich sammelt sich das Wasser an der Rinne zwischen Augapfel und Lid, um dann, sobald man die Augen zumacht, abgestreift zu werden, die Wangen hinunterzukollern, einen salzigen Geschmack auf den Lippen zu hinterlassen. Der kleine übrig bleibende Rest vertrocknet dann auf dem Weg zum Kinn, hinterlässt eine kleine Salzkruste, die, wenn man sie nicht weg-wischt, auf der Haut zu brennen beginnt. Genauso war es diesmal auch. Bloß dass er sich keine Mühe mehr gab, weder die Tränen zu unterdrücken, noch die Salz-reste zu entfernen, sollte er doch weinen, sollte doch die Haut brennen, eigentlich seltsam, dass so ein biss-chen Wasser so viel Feuer auslösen kann.

Als er sich wieder gefangen hat, lässt er sich auf einem seiner modernen Plastikgartenstühle nieder, von denen hatte er schon mal mehr, nämlich für jedes Familienmit-glied einen, also für ihn, die Oma und seine vier Kinder. Er weiß noch genau, wie blöde ihn der Verkäufer an-geschaut hatte, als er sechs Stühle kaufte. Zum einen, weil vier Kinder ja schon ein bisschen viel waren und zum anderen, weil er absolut keinen Tisch dafür wollte

– den hat er natürlich selber gemacht, schließlich hat er Zimmermann gelernt. Seine schwarze Kluft war mit ihm auch in die Jahre gekommen, jetzt diente sie gerade noch, um kleine Salatpflänzchen vor den Eisheiligen zu schützen, aber wenn er ehrlich war, nützte sie nicht mehr viel.

Es wird schon etwas dunkel im „Häusle". Er nimmt seinen Stuhl mit nach draußen, dort, wo die Sonne seine Knochen noch wärmt. Wie er so dasitzt, durchströmt ihn die Wärme des Lichtes, sie steigt auf von seinen Zehen über die doch arg geschundenen Knie, lockert das Becken, kitzelt am Bauch, um dann den Herzschlag zu harmonisieren, die Atmung zu vertiefen, das Halsweh hinwegzuraffen und schließlich über den Nacken im Kopf anzukommen und für klare Gedanken zu sorgen.

Einfache klare Gedanken, die getragen werden auf einer Wolke aus Fürsorge und Liebe. Er dachte an seine Frau, seine Kinder, von denen jedes verheiratet war und in die Arbeit ging, an die Enkelkinder, die auch alle eine Schule besuchten und schlief ein.

Oma ärgert sich schon wieder. Das Zwölfuhrläuten war schon längst vorbei, die Kartoffelsuppe hatte sie schon zum zweiten Mal auf dem Herd, der Apfeldatschi ist am zusammenschrumpeln. Jetzt zieht sie ihre Gartenschuhe an, schlurft zum Gartenhäusle und sieht, wie der Opa auf seinem Stuhl „a bissele" zusammengefallen dasitzt. Sie redet ihn an – keine Antwort, keine Reaktion, nicht mal einen Schnaufer. Jetzt stupst sie ihn am Arm – nichts.

Opa war gegangen, jetzt war er unterwegs.

## Tränengras

Porzellangeigen zerspielen
sprießende Knospen nistend
die jungen Vögel

die schwarze Melodie
das Purpur des Grases lädt ein
zu Gast zu sein

blühend das Kind
trunken vor Schmerz
im Tränengras


## Antwort auf „Clair de lune"[◇]

Jubelnd umfängt mich
die Erwartung meiner Erlösung
trunken von Dornen blicke hinein in das Schwarz
lockend flüsternd versagt eine Stimme
Licht holt mich
zur Erfüllung Deines Willens

◇ Mayröcker, Friederike (2004): Gesammelte Werke. Frankfurt, S. 15

# Meer des Wissens

*Dialogisches Poem*

Überlege, ob ich mich nicht im Ozean
des Wissens befinde?

> Ist das nicht schön?

Ich habe Angst, niemals mehr die Insel zu finden.

> Ich bin mir sicher, der kleine Kohldämpfer
> führt dich automatisch dahin zurück. Dein
> Körper führt dich immer wieder auf die
> Insel zurück.

Wenn ich aber zuvor ertrinke?

> Ist es schlecht in Wissen zu ertrinken?

Ich brauche aber meine Insel, um Liebe zu spüren.

> Entweder rettet dich dein Körper, wenn er
> spürt, dass dir die Luft zum Atmen fehlt,
> oder du ertrinkst und landest dann auto-
> matisch auf der großen Insel der Liebe.

Wo ist die Küste der Liebe?

> Da, wo das Meer des Wissens ganz flach
> wird, das Wasser klar und ruhig.

Ist dort auch der sichere Boden,
auf dem zu gehen ich vermag?

Natürlich, dort ist auch der sichere Boden.

Kann man dann dort das Strandgut
der Gedanken fest mit einbauen?

Ich denke, wenn Platz dafür freigelassen
wurde, manche Teile passen wie bei einem
Puzzle hinein. Für andere muss oft noch ein
Puzzle geschaffen werden.

Am Anfang war meine Insel ganz klein, je weiter ich
wegschwimme, desto größer wird sie und desto leichter
fällt es mir, auf sie zurückzukommen. Je weiter ich aber
hinausschwimme, dem Licht entgegen, desto größer
wird auch der Ozean. Ist das nicht paradox?

Ich denke, das Paradoxe gehört
zu den Lebensprinzipien?

Oder sagen wir dazu nur paradox, weil unser Geist dies
nicht erfassen kann, er sei ja nur linear strukturiert.

Beides ist wieder möglich, du musst
für dich selbst die Antwort finden.

Ach, ich muss wieder schwimmen. Ich lasse mich gerne
treiben von einem Wellenberg zum nächsten. Die Tal-
fahrt lichter Gedanken bringt mich mit Schwung auf
den nächsten Gipfel, von dort aus kann man für einen
Moment dem Irrglauben verfallen, man hätte den

Überblick über den Ozean, aber im nächsten Wellenschlag zieht dich ein Strudel hinab. Wenn man Fortune besitzt, trägt der nächste Wellengang dich wieder hinauf. Dort kannst Du wieder frei atmen, das Tosen der unermüdlichen Fragen, das sonst dein Gebein erschüttert, weicht für einen kurzen Moment einer Ruhe, der Ruhe, die auch im Auge des Hurrikans präsent ist.

Du Zerbrechlicher, du willst dich den Fragen stellen, du willst den Wellen trotzen, du willst sie beherrschen?

Du Narr, du kannst ihnen weder trotzen noch wirst du sie jemals beherrschen.

Du kannst dich treiben lassen, versuchen die Richtung zu ändern und dich darüber freuen, wenn dir dies gewährt wird. Sollte dies aber nicht deine Richtung, nicht dein Weg sein, so wirst du mit aller Kraft einer tosenden Welle zurückgeworfen, wieder in deine Bahn gebracht. Liebe wirst du dabei nicht finden, du versuchst immer wieder zur Insel zurückzukommen, um aufzutanken, um die Kraft zu atmen, um dich erneut dem Peitschen der Wellen hinzugeben.

IMMER UND IMMER WIEDER

# Pulsierendes Sein

Der Aufzug entlässt mich im zweiten Stock, ich lasse mich aus der Kabine an der Garderobe, mit den noch nach Herbstregen riechenden und dampfenden Mänteln, Jacken und Taschen vorbeischieben. Der Duft, der auch an einen feuchten und moosigen Waldboden erinnert, erreicht glücklicherweise nicht meine Nase – dort wohnt noch mein, nach Sommerblumen, an heitere Stunden auf einer warmen Wiese, erinnerndes Parfüm.

Meinen Rolli quetsche ich durch das Drehkreuz und stehe vor den Regalen, gefüllt mit bedrucktem Papier, zum Teil in Leder, zum Teil in Leinen gebunden, oder ganz einfach zwischen zwei Buchdeckel aus Pappe geklebt.

In kleinen Büchern wohnt ein Kobold, der schelmisch nach einem Leser Ausschau hält, mit den gekrümmten, knochigen Fingern lockt, ein süßes Liedchen trällernd, verführerisch mit den Augen zwinkert, das linke Ohr kess nach außen gestellt, das rechte auf Überwachung geschaltet. So versucht mich der kleine Schelm zu locken, zum Herausnehmen zu verführen. Liegt es dann vor mir, freut er sich, lächelt die ganze Zeit, bietet mir seinen haarigen Bauch zum Kraulen an, schnurrt dabei sanft wie ein Kätzchen. Mit der anderen Hand schlage ich das Buch auf, blättere über die ersten Seiten uninteressiert hinweg, bis die eigentliche Geschichte beginnt. Diese Buchstaben mutieren dann von der strengen Druckertype, zu einem verspielten, flauschigen, immer zum Spielen aufgelegten Wollknäuel, der, wenn man nicht aufpasst, einfach davonrollt. Aber dies geht Schritt für Schritt.

Zuerst formatiert sich die Seite neu, dann verbinden sich alle Buchstaben zu einer Schreibschrift, gefolgt von den Knotenmachern, die die Enden miteinander verbinden. Und genau dieser Faden beginnt sich dann wie von Geisterhand aufzurollen, zuerst folgt das kleine Knäuel noch der Buchstabenbahn, später, wenn die Kugel etwas größer geworden ist, rollt sie über die Zeichen einfach hinweg und verschlingt jedwede Information. Nach jeder Doppelseite ist das Garn zu Ende, das Knäuel bekommt keinen Nachschub mehr und rollt somit orientierungslos noch mal zurück, nachschauend, ob es denn wirklich alles aufgesogen hat. Im Lustigen auf den Boden hüpfen und wieder hochspringen animiert es den Betrachter, mitzukommen auf die Reise durch die Welt der Informationen, der Geschichten, der Biografien, der klugen und unklugen Gedanken, der Weisheiten und Ratschläge, auch der Rezepte gegen allerlei Gebrechen, vom Hunger angefangen, über Beinweh bis hin zu Herzrhythmusstörungen, gefolgt von den Orientierungshilfen alter und neuer Zeit, und so weiter und so weiter.

Die Bücher mittlerer Größe werden von dem flauschigen Wollknäuel spielerisch, aber dennoch gezielt angesteuert, umrundet, geschubst, bis sie dann vor mir auf dem Tisch liegen. Ein überraschend kleiner Klabautermann schwappt mit einigen Buchstaben und Wörtern zur Seite heraus, stellt sich frech vor mich hin, schüttelt die Buchstaben ab, wie sich ein großer Hund der Regennässe entledigt, spritzt mich mit den Zeichen an, infiziert mich damit. Diese Buchstaben dringen in meine Gedankenbahnen ein, legen hier ein Hebelchen um, stellen dort eine Weiche neu, probieren ein Signal von rot auf grün umzuschalten, nehmen an Fahrt auf, holpern zuerst auf den neu gebildeten Gleisen noch ein bisschen, der Heizer legt die Kohlen nach, Dampf entsteht, der treibt den Kolben, der Überdruck wird mit einem „TÜÜÜÜT" abgelassen. Der entweichende Dampf vernebelt meine Sinne, schlägt sich feucht auf mein Gesicht nieder, tropft von der Nasenspitze ab, fällt auf das Pult vor mir.

Ganz generös winkt der Kauz mit einem großen mulligen Flies. Abtrocknen sollte ich mich, um nicht die dicken Bücher zu durchfeuchten, aber ich tat es nicht. Er warf mir das Vlies vor die Füße, und verschwand genervt, ob der Störung, einer von der Art, die nicht alle Tage vorkommt. Sein voluminöser Körper wurde dabei fast ganz durchsichtig, als er zwischen die Seiten eines Wälzers einfach so hineinglitt. Ein paar von seinen Federn markierten die Stelle wie ein Lesezeichen. Neugierig, das Abtrocknen vergessend, folgte ich dem doch sehr weise erscheinenden Waldvogel, bis zu der Stelle seines Verschwindens. Ich fühlte die papierenen Seiten an meinen Fingerkuppen, sie streichelten meine Haut ganz zart. Liebevoll steigt mir der Duft des Leders und des alten Papiers in die Nase, steigt hinauf bis dahin, wo mein Kopf eine Stelle ausweist, die dem Duft verfallen ist. Genau hier setzt sich der Geruch fest, übernimmt das Kommando, zunächst nur über meinen Körper, dann über meine Seele. Mein ganzes Leben wird durch die Suche nach dem Duft bestimmt. Die Suche ist nur der erste Schritt, das Ankommen an der Stelle, wo der Kauz verschwand, der zweite, und der dritte ist das Durchschreiten der Pforte, einer Pforte, von einem Wächter bewacht, der ganz überrascht ist, weil mal wieder jemand durchschreitet, nein besser gesagt, wie ein kleines Blatt hineingesogen wird, von einer Kraft, die im Inneren herrscht. Sobald man an einem Platz gestrandet wird, und sich umblickt, überfällt einen eine bis jetzt unbekannte Ruhe, ein Gleichmaß an Harmonie fließt durch meine Adern, gibt einen ganz leichten Takt vor, der zunächst sehr anregend ist. Ganz langsam kehrt das Gefühl für den eigenen Körper zurück, aber nur eine Idee davon. Umschauend, das neue, unbekannte Terrain pausenlos beobachtend, kehren meine Lebensgeister zurück. Es ist alles so neu, so fremd und doch so vertraut. Übernatürliche Wesen formatieren sich neu, verwandeln sich binnen Lichtgeschwindigkeit in andere Daseinsformen – in einer Ecke steht Kloppstock, in der anderen Werther, von Botho Strauß steht nur die Leere in der Gegend herum. Aufstehend, die letzte Nässe noch vor der Kleidung streifend, mache ich mich auf den Weg.

Studenten albern auf den Gängen zwischen den Regalen, necken sich und stoßen einen Wälzer so unglücklich an, dass er mit den Rücken nach unten auf den Boden fällt. Dabei wird das Buch aufgeschlagen. Neugierig und eventuell auf eine Weissagung hoffend, betrachten sie die offenenliegende Doppelseite. Ein paar kleine Federn, vielleicht die eines Uhus, liegen daneben. Auf der Blattmitte – ein Fleck, der anscheinend von einem kleinen Wasserschaden herrührt, der nicht an der Luft austrocknete, sondern hier gestockt war. Der Fleck roch aber eigentümlicherweise nicht nach Moder, sondern nach Rose und Lavendel.

## Tage

Tage werden immer kürzer,

klarer wird die Luft,

ab jetzt tränt die zu Trauer verdammte Seele.

# Poesie für Eilige

auf

hoch

w e i t e r

zu

zweit

als

allein

Poesie für Eilige

zu zweit als allein

weiter

h
c
o
h

auf

auf

h
o
c
h

weiter

zu zweit als allein

# JERUSALEM

Jerusalem – Zentrum der Lehre vom einzigen Gott

Jerusalem – Zentrum der Lehre der Unbelehrbarkeit
der Religionen und ihren Anhängern

Jerusalem – Zentrum der Hoffnung
aller Nichtbeteiligten

Jerusalem – Zentrum der geistigen Erneuerung

Jerusalem – Zentrum kleiner Fortschritte

Jerusalem – Zentrum kleiner Rückschritte

Jerusalem – zu Stein und Wort gewordenes Sinnbild
der Paradoxie des menschlichen Geistes

# *Jerusalem*

Ohne dich, Mensch, wärest du nur Stein
mit dir, Mensch, bist du eine Stadt mit Konflikten

Jerusalem, wie ruhig könntest du sein,
ohne uns Menschen,
ohne uns denkenden Menschen?

Jerusalem, wie ruhig würdest du sein
mit liebenden Menschen?

Jerusalem, du wärest das Paradies.

Wenn wir Menschen das Denken durch Liebe ersetzten,
Liebe durchdenken,
wenigstens manchmal?
Zöge hier nicht das Paradies in uns ein,
wenigstens manchmal?

Oh, tragt Jerusalem im Herzen, nicht im Kopf
dann wird auch hier auf der Welt Friede einkehren.

Tragt Jerusalem im Herzen,
im Herzen tragt Jerusalem.

# Faschismus

Ich schaue durch die Augen der toten Seelen

Kälte lässt meinen Geist verstarren

Die Angst erdrückt meinen Atem


Ich mutiere zu einem Stein –

einem, der in der Tiefe des vergessenen Brunnens liegt,

niemals mehr das Licht schauend,

niemals mehr im Müden zum Herrn lachen,

niemals mehr im lieblichen Gang durch die Welt streifen,


N i e m a l s

# *Lieb' Vaterland*

LIEB´ VATERLAND MAGST RUHIG SEIN;
ÜBER NACHT HAST DU MICH UM DEN SCHLAF GEBRACHT

LIEB´ VATERLAND MAGST LEISE SEIN;
SO HAST DU MICH UM MEINEN TRAUM GEBRACHT

LIEB´ VATERLAND MAGST LAUT SEIN;
SO HAST DU MICH UM MEINE STIMM´ GEBRACHT

LIEB´ VATERLAND MAGST ÜBERMÜTIG SEIN;
SO HAST DU UNS KLEIN GEMACHT

LIEB´ VATERLAND KANNST RUHIG SEIN;
DENN DEIN WERK IST VOLLBRACHT

LIEB´ VATERLAND GIB GUT ACHT
DENN UM SCHLAF, TRAUM UND STIMM GEBRACHT

HAT UNS GROSS UND STARK GEMACHT
LIEB VATERLAND DRUM GIB GUT ACHT

# Vita

*„Ohne zu sprechen habe ich die Sprache gelernt,*
*ohne zu laufen gehe ich durch die Literatur,*
*ohne zu singen nehme ich Melodien in mich auf*
*und verwandle sie zu Texten."*

So beschreibt die 18-jährige, körperbehinderte Autistin ihren Weg aus dem inneren Verlies. Seit 2008 studiert sie, nachdem sie die Schulkarriere erfolgreich abgekürzt hat, an der Universität Augsburg Neuere Deutsche Literatur und katholische Theologie.

# Veröffentlichungen

Von Anfang an war keine Schülerzeitung
vor ihren Texten sicher.

**2004:** Vier Gedichte im „Bunten Vogel"
(Zeitschrift für gestützte Kommunikation)

**2007:** Gedicht „Wasser eine traumhafte Erscheinung"
im Augsburger Lesebuch, Wißner Verlag,
Augsburg

**2008:** Kurzgeschichte „Flug nach Hause" in der
Anthologie „und übermorgen Augsburg"
Lerato-Verlag, Augsburg

**2009:** Auftragsarbeit „Sag mir, wo die Blumen sind"
zur Eröffnung einer Ausstellung gegen rechts

Lesung mit anderen Autoren in Dinkelscherben

Zwei Texte in Thoma, Rehle: Inklusive Schule,
Klinkhardt-Verlag, Bad Heilbrunn

Erste Lesung in Augsburg

Gedichtveröffentlichung anlässlich eines
Portraits in der Augsburger Allgemeinen

Text für Inklusion anlässlich der Fortbildung
des Bezirks Schwaben

**seit**
**2009:** Mitglied des Glaskasten, der Literaturwerkstatt
an der Universität Augsburg

# Impressum

**Veronika Raila**
Vronis Wunder

**Herausgeber**
context verlag Augsburg
www.context-mv.de

ISBN 978-3-939645-30-6
1. Auflage, Juni 2010

Copyright © 2010
Alle Rechte vorbehalten.

**Lektorat**
Christin Zenker
Petronilla Raila
Sandra Riedmüller

**Grafik, Produktion**
Winkler Werbung Werbeagentur GmbH
Im historischen Schürstabhaus, Nürnberg

**Titelgestaltung**
Hannah Kluger

Bibliografische Information
der Deutschen Nationalbibliothek:

Die Deutsche Nationalbibliothek verzeichnet diese
Publikation in der Deutschen Nationalbibliografie,
detaillierte bibliografische Daten sind im Internet über
http://dnb.d-nb.de abrufbar.